Bernd Josef Bartolome

AF143284

JADAH

Gedicht

Zum Buch

JADAH, ein altes, aus dem Hebräischen stammendes Wort, dessen Bedeutung vielschichtig ist. Es kann gedeutet werden als Lieben und gleichzeitig als Erkennen. Auch andere Deutungen sind legitim, wie etwa Kenntnis nehmen, erfahren, wissen, auch als: sich zu erkennen geben, kundtun, mitteilen, preisend verkündigen und: durch Erleben erfahren.

B.J.Bartolome, geb. 1966, Studium u.a. der Bildenden Kunst und Kunstgeschichte in Stuttgart, Nürtingen, Berlin und Paris. Lebt und arbeitet vornehmlich in Paris.
Zahlreiche Arbeiten und Würdigungen als bildender Künstler: Frühes Werk in klassischen bildnerischen Mitteln, bis 1990 experimentelle Arbeiten mit Licht. Arbeitet seit 1990 konzeptionell und interdisziplinär in neuen Medien, zunehmende Reduktion der Bildmittel, insb. auf Gelb und Schwarz, zu Synonymen für Licht und Zeit. Lyrik: Mohnflug & Agonie 1985/90, Leere & Augenblick 1995,   Jadah 1997, Limbische Fuge 1998, The clowns´ cosmos 1999.

Die Deutsche Bibliothek – CIP-Einheitsaufnahme

Bartolome, Bernd Josef:
Jadah / Bernd Josef Bartolome. - Einmalige Sonderausg. - Paris:
Vers Libre Ed., 1999
Einheitssacht.: Jadah <dt.>
ISBN 3-00-004181-8

Vers libre paris

ISBN 3-00-004181-8

© B.J.Bartolome

Einmalige Sonderausgabe 1999
Alle Rechte vorbehalten, insbesondere der Übersetzung,
des öffentlichen Vortrages, der Verwertung
in elektronischen Medien, auch in Auszügen.
Abbildung Umschlag & Innenseite:
Der Autor auf der Ile St.- Louis
Umschlagentwurf: Bartolome & F. Cocteau

© VG Bild-Kunst, Bonn 1999
Printed in Germany

"Träume sind nichts anderes
als Geräusche des Lebens,
grausame Antworten auf die
gewohntesten und besorgtesten Fragen"

Salvatore Quasimodo

"Doch man hat Nachricht
von meinem Bruder, dem Dichter.
Sehr sanfte Dinge hat er noch geschrieben."

Saint-John Perse

"Der wahre Leser
muß der erweiterte Autor sein"

Novalis

"Denn wie die Vollständigkeit
stets unvollkommen, so ist die
Vollkommenheit stets unvollständig.
Ex perfecto nihil fit"

C.G.Jung

"...wahrzunehmen, wahrzumachen, wachzuhalten
aufzuwecken, immer wieder, gegen alles und trotz
allem, für diese Welt, inmitten dieser Geschichte.
Wir dürfen nicht aufhören, in der Geschichte und
trotz der Geschichte Mensch zu sein."

Eugen Drewermann

JADAH nähert sich uns in einem ganz eigenen Klang. Einem Klingen von verlockender Eigenart, pathetischer und großartiger Atmosphäre, und dieser Verlockung, so hat es den Anschein, sollen wir erliegen.

Als bildender Künstler den Techniken der Gestaltwerdung und Gestaltgebung, den ästhetischen Prinzipien und Schwierigkeiten, eine Seinsvorstellung und den künstlerischen Ausdruck in Deckung zu bringen, zutiefst vertraut, entwickelt der Autor ein sanguinisches Geflecht von Sublimität und Exaltation, großer Dichte und teils beklemmender düsterer, teils lichter hinreißender Schönheit. Eine Assoziationstechnik, die sich in gewisser Weise dem Ausdruck des "durée réele", einer gelebten Zeit, annähert und uns verführen will, den Ordnungsgeheimnissen der Welt nachzuspüren.

Indiz hierfür ist sicherlich auch der Titel des Gedichts: JADAH, ein altes, aus dem Hebräischen stammendes Wort, dessen Bedeutung vielschichtig ist. Es kann u.a. gedeutet werden als Erkennen, Kenntnis nehmen, erfahren, wissen, auch als: sich zu erkennen geben, kundtun, mitteilen, preisend verkündigen und: durch Erleben erfahren.

Gleicherweise Lieben impliziert das Wort JADAH, auch die körperhafte Liebe ist hier gemeint: Adam erkannte sein Weib, und sie wart schwanger, verkündet etwa das Alte Testament. Der Autor setzt Erkennen und Lieben in einem Kunstgriff gleich, der diesem Spagat einer Überwindung der Teilung von Geist und Materie folgt.

Hier, unerwartet, eröffnet sich ein Horizont und JADAH befindet sich inmitten einer Diskussion und Frage der Postmoderne, die dem gnostisch-dualistischen Forschen und Denken Methoden gegenüberstellt, die elementare Fähigkeiten zu ihrem Recht kommen lassen und beispielsweise die Vagheit oder Ungenauigkeit zu ihrem Gegenstand machen.

Nehmen wir die mathematische Technik der Fuzzy-Logik, die eine Genauigkeit der Beschreibung, die Übereinstimmung von Sprache, Bild und Gegenstand sucht, aber eben nicht mehr mittels einer Denkweise, die entweder den Schluß vollständig richtig oder vollständig falsch zuläßt. Und diese Genauigkeit der Beschreibung ist es wohl, die JADAH aufsucht.

Unser biologischer Code, das wird vorausgesetzt, ist Träger überzeitlicher Information und das limbische System, das in den Gefühlsregionen unseres Bewußtseins der wortlosen Kommunikation dient, wird aufgerufen als erkenntnisstiftendes Moment zur Deutung der Welt der Tatsachen.

Der zur Erkenntnis der Welt aufbrechenden Vernunft widerfährt also etwas höchst Eigenartiges, die Begegnung mit der Vorstellungswelt eines vitaleren, ganzheitlicheren Erkennens: man durchdringt die Welt nur, in dem man liebt!

JADAH nähert sich auf diese Weise der komplexen Welt unserer Wahrnehmung, einem abstrakten Kolorit sich gegenseitig überlagernder Ereignisse und Strukturen. Nicht dichterisch zu verklären ist dabei die Absicht, sondern diese Welt erlebend zu durchdringen. Und so werden die "pathetischen Zeichen", die "Designate" der Natur vor unseren Augen und Sinnen durchdrungen, die Sprache dabei respektvolle Distanz suggerierend.

Der Entwurf in einer Nacht (der allerdings für die Erstausgabe überarbeitet worden ist) folgt dem Grundgedanken einer fortschreitenden, vorwärtsstrebenden Evolution. Dabei wird unmißverständlich der Radius der Bedingungen der Möglichkeiten gekennzeichnet und benannt: die Entrophie. Sie ist die unausweichliche Grenze, die den Handlungsspielraum festlegt.

Das dichterische Ich markiert einen ebenso klar definierten Handlungsrahmen: den Ort und eine apodiktisch definierte Zeit: Paris, 6.11.1997, 22,25h - 7.11.1997, 11,05h. Damit schon ist die Relativität unseres Erkennens bezeichnet, wird das erkennende Bewußtsein selbst zum Gegenstand eines suchenden und forschenden Durchdringens.

Eines Durchdringens, das eine behutsame Näherung sucht, das Bewußtsein schärfend, das Bewußtsein zugleich einer Evolution, die Maß nimmt vom Archaikum zur Gegenwart mit einer Spanne von 4,5 Milliarden Jahren, worin sich die Episode menschlicher Existenz von etwa zehntausend Jahren verschwindend gering und unbedeutend ausnimmt.

Jedoch in der Mikrozeitspanne eines Lebens können wir unseren Entwicklungsspielraum ausloten, unsere Fragen stellen, auch daran erinnert der Text in der exemplarischen Verdichtung des Faktors Zeit und des Vorüberziehens seiner archetypisch- allegorischen Bilder.

Und dann das grandioses Finale: Das Ich, verzweifelt mit der letzten Tatsache ringend, der unabdingbaren Endlichkeit des Seins -und: der eigenen Existenz.

Weisheit mag in unserer Vorstellung präexistent und mit dem Gedanken des Unendlichen behaftet sein, in dieser Annahme steckt ein unausgesprochenes Ahnen, vielleicht auch ein frommer Wunsch, aber die Idee einer endgültigen Wahrheit scheint JADAH nicht gelten zu lassen, zu ungesichert und unbestimmt, zu unverfügbar erscheint sie im flüchtigen Augenblick der Gegenwart und des "Gleichzeitigen im Ungleichzeitigen."

Es bleibt die Erkenntnis der Unverfügbarkeit, die schmerzliche Selbst-Erfahrung einer absoluten Kontingenz, einer Selbsterfüllung der Existenz im fortschreitenden Kreislauf von Liebe, Niedergang und Tod.

Samuel Weinberg
Paris im Oktober 1998

Für Beate

" Wenn Ihr liebt, sagt nicht,
  Gott ist in meinem Herzen,
  sondern eher, ich bin in
  Gottes Herzen "

Khalil Gibran

JADAH

Paris, 6.VII.1997, 22,25h

Sprechend: Von Erkennen,

Jadah,

dem heiligen Gefäß der Einheit

und Unität

darin, Liebe geheißen!

Von Erkennen und dem

Erkennen

der Särge des Weges

des Mohn und des Korn,

von Seele und Zeit:

Ihrer Bewohner darin

Von pathetischen Zeichen

im Ichgewirk der Zeit,

der Designate

der Mythen und Sagen und

Legenden,

der Kunde der Wörter der

Stimmen

der Sprache, weisend
den Weg einer Wirklichkeit,
einer Wahrheit
Gesetz im Gefährt des Werden:
der Entrophie

Von Dioskuren des Lichts,
der Erde, der Himmel,
des Sein,
vom Ich im Du:
Von Leben des Sterben
des Todes in der Zeit

Von Sprache des Falls im
Raum
hoher Mauern, der Auen,
der Berge,
der Lüfte, des Atem,
auch dem der Seen, der Wälder
und Täler:
Ihrer Bewohner darin

Von Bewußtsein und
dem Bewußtsein
der Wipfel, der Winde
und Flüsse:
Ihrer Bewohner darin

Von Wiegenliedern des
Augenblick,
des Gleichzeitigen
im Ungleichzeitigen
Und vom Mond der Seele
der Särge des Korn

Den Rhythmen in der Zeit,
der Strukturen, der Sinne,
der Erscheinung der Natur,
und der Gezeiten der Wege
der Gravitation
Ihrer Bewohner darin:

Ich will euch von Rosen

sprechen

So voll des Lichts und

duftender Becher

Mein köstlicher Traum:

Den Schlüssel schenkt

das Land!

Nacht und Tag am Seidenfaden,

Kunde der Jahre behangenen

Glücks

Männer in Nacht und Tag

und Erd und Krieg: Geburt

Den Schlüssel schenkt

das Land!

Kommt, vom Gebot der Stände

gewoben,

die Seele hinaus in die Augen

der Furcht,

zu Meer und zu Land,

das Heimweh einer

Frauenschönheit:

Die schmale Birke Schmerz,

und

Küsten meines Laubwerks:

Hoffnung

Wind dem Bilde einer Seele!

Ich will euch von Hoffnung
sprechen,
der Zitadellen namenloser Welt,
Mut, nur Mut,
liebesumsäumt, schlafumfangen,
süßes Gift, nachtgefunden

Ich sah Gott im Bilde
meiner müden Hand

Im Herzen der Augen erschaut
die Zeit
schmiegenden Blick von Licht,
Gebirge meines Ahnen und
blutiges Schwert zugleich

Wäge dein Wohin, sanfter Weizen,
schwerer Traum, und Gebet
heiliger Wolken

Der Tau, Seufzer eines

blättrigen Raunen:

Soldaten im Grunde

Und junge Straßenfluchten:

Ergib, Herr, der Wogen der Brauen,

ein Lippen der Bräute:

Versmaß deiner Liebenden

Geschick

Ich will euch von Geschick
sprechen
Messend am Tanz eines Mahls
ist Tod eine kühle Nacht,
wurzelnd, tief in Weiber Schoß

Der Jüngling wäge seinen Blick
am Gewicht großer Herzen,
süßes Kind, verlassnes Lächeln
und trunkener Himmel
deiner Verachtung am Saum
der Gestade: körperloses Ruhn

So jäh das Nachtgewand
der Gnade,
mißt und schüttelt der Mäher
seinen Schlaf im Blut
des Flusses von Zeit, frei
von jedem Laut -und Gott

Offener Länder Grabgestalt

Träumerhaft, suchend den Leib

des Raumes, reiner Fohlen

Augen:

Wage dein Volk!

Ich will euch von Volk

sprechen

Am Leichentuch der Häuser

und Flure

Gewahre der Nacht,

verwunschener Frühling,

durchmustert in Blühen, von

gasigem Saum am Licht,

von Atem

Menschenatem, mensch-geatmet

Rief ich einst euch, so

im Auge umhüllt und voller

Leibeskraft,

den Schritt im Getön eines

Engels,

zu mir, wie eine Schlange,

schlangengleich

Wo Asche und Könige hausen,

der Stätte eines Klangs,

durchwebt in Suchen, tausendfaltig,

dort ein Leben, erklingend

ein Saum:

der Mütter offener Leib

Ich will euch von Leib

sprechen

Der Tod, noch schläfern,

in der Hochebene einer Stätte,

Zug um Zug!

Verfall malt den Duft meines

Herzens

Schale mit dem Haupt

der Dörfer, ummantelnd

die Ebene

hoher Tannen Gewand, von

Laub

Darin ein Ich

Schale mit dem Haupt der

Dörfer,

der Pflanzen, des Windes und

der Flammen eines großen

Abends, gleich der Dornenkrone

eines Mannes

von Abschied

Mann einer Ewigkeit,

Gottes sieche Blume,

im Schweigen, saugend,

die Flamme

vom Tisch des Gebärens,

meiner Mütter Mahl und

Wundbrand

Uralte Priester mahnen

diesen Ort

im Hochzeitslaken des

Lebendigen

Und wie die Nacht dem Lauf

der Särge der Einsiedler folgt,

erklimmt das Dunkel einer Not

die Taube eines Fragens:

Bitterkaltes Erdenmaß:

Staubkundig, staub-kundig!

Ich will euch von Tauben
sprechen
Gesegnet in Blau umkreist ihr
die Höhen der Himmel
Pflügbar sind die Taten der
Menschen!

Die hohe Stirn eurer Häuser
dämmerte mich in den
Schwaden
von Ähren, von Fichten, von
Laubwerk,
und silberne Wurzeln,
bekömmlich,
schenkt ihr dem Wind

Mit der seligen Hand des
Schwebens,
kein Hunger erlahmt euren Tag
Denn, das Sterben im Licht ist
euch Kost

Schaut den goldenen Garben

der Winter:

Euer Bild, im Fliehen,

erlöschend,

ein Fingerzeig kristallner Zeit,

erdenalt

Wer wohl, außer euch,

über die Taten

der Menschen das Pfand

pflügbarer Erde verspricht?

Ich will euch von Menschen
sprechen
Ein Schein, tönend
durch das Muttermal der Weber
aus der Stadt von Zeit und
Raum,
von Fels und Wasser und Sand,
Zeichen malend auf die Taube
der Ewigkeit und das Dach
eines Blicks

Vom Wehen noch ferner Heere
erwuchs, jählings, dem Traum
der Wärme belebter Gebirge
ein Schmerz, und Güte:
dein Gefährte eine Handvoll
Mais

Mit der Not im Schwert und

Lachen und Weinen im

Kinderhauch

Gezeiten heiliger Nacht,

und fruchtreiche Täler

erströmend:

Hoch glänzt so dein Mittag

Im frischen Erdhub klaffte

ein Gesicht, ruhte ein

Geschlecht

Sie ruht am Grab,

ruft sein Gesicht, spricht sein

Geschlecht

Es klagt in allen Seelen

Die Sturmflut hat seinen Namen

Menschen folgen den Toten

Ich will euch von Klage
sprechen
Der Trägheit des Schmerzes,
kündigend die Weinberge der
Zeit

Und wahrhaft, es flüstert
Hochmut in das dürre Geäst
unserer Münder, selbstverzehrt

Und in dunkler Nacht stiehlt
sich ein Rechtsgelehrter in
den Weinberg einer Unschuld,
herbstbefleckt

Weite von Weinen,
flüsternd die Gezeiten des
Nachtgebets: Freiheit

In der Herbstebene

von Sanftmut schlummert

ein Ungeborenes, atemumwoben

Und Urteil und Milde

der Heimkehr eines Sohnes:

Verzweiflung, Schweigen von

Schlaf und Gram und Schuld

Ich will euch von Schweigen
sprechen
Vom gebrochenen Sohn einer
greisen Venus
In der Stunde der Kälte,
geboren
aus Schönheit und Betrübnis

Die Lästerung des Einsiedlers
tritt in die Runde,
im Abendgewand eines
Vortages, ahnend

Die Lanze des Fragens,
öffnend die Gestalt:
Windhosen waren unsere
Trunkenheit

Nun traktiert dein Samen
ein Gefährt
im Erinnern einer Stunde,
und Hoffnungslippen
durchwalden hohen Geist,

Lästerung im Flüsterton
der Himmel
und der Gestade der Sitten

Heimgekehrt, ohne Lauf
und ohne Fessel,
die Zeiten der Mädchen
kündend
in der Gunst der Wasser und
der Kleider:

ein Künden von weißem
Gewand, rosenlindernd,
ehrend der Höhe eines
Gedenktages

Und wie im Dunkel das Kind
Sehnsucht ersingt, ein Lied
erklingt im Schatten von Tälern,
dem gewundenen Lauf der Zeit:
Gedenktage einer Weisheit

Ich will euch von Tälern
sprechen
Vom Münden der Höhen
und Tiefen
im hungrigen Feld der Erde
aus blühendem Himmelslicht

Geformt in der Stunde der
Orte,
der Quellen, der Teiche, der
Vorstädte,
der Höfe der Seelen lebendiger
Dinge

Im Erntefeld der Ähren und
Mauern
ertönt ein Nachtvogel,
entblättert die See ihre weiche
Haut:

Das Schweigen gebiert
des Himmels neuen Tag
Vergebung kränzt im blonden
Mohn,
die Frucht des Ackers, und
im Nebel die Hufe der Rösser

Strahlender Bogen der Meere
trotzt der Ferne der Ödnis,
der Kunde erstorbener Lieder

Wie ein Denkmal errichtet,
im Gedächtnis weißer Städte
und Länder
und Nacht, die Blume der Sonne
den Sockel: des Lebendigen

Ich will euch von Gedächtnis
sprechen
Pfad des Lauschens alter Meere,
Erinnerungsschuld und Muse,
als ich spazierte der Akazien
und Alleen,
einst, der Traumdunkel gelebter
Tage maß

Ein Täubchen im Lächeln der
Braut,
Nachricht des Schmerzes,
Erbe der Dinge und Seelen,
fühlend der Worte, und Auen
im Augenblick des Klingens der
Kehlen:
Der Gabe von totem Wein

Gewölben aus Erinnerung,

Erinnerungshöfe

im Winter einer Besucherin,

dieser Gräber, der Verwirrung,

der Verirrung von Gräsern,

von Plätzen, von Völkern

und Gut

Leiber der Gnade in

Regengemäuern

der Geometrie eines Gesichts,

eines Steins, der Kälte, des

Ruhms und des Staubs, erdenentblößt

Schirme im Jenseits der

Kindheit,

der Meridiane endliche Ebenen,

der Liebenden bleiches Gewand

und: Sterbebeet eines Soldaten,

blutgewandet, leib-gelöst

Ich will euch von Sterben
sprechen
Vom Blutbeet der Soldaten
Einer Kindheit
leergewordener Farben,
am Labyrinth und im Grabe
einer Frucht von hoher Zeit

Schlaf von Augen, der Hände
vom Mahl, des Glücks, und Not
im Sturmgesang eines
Mistelbaums
eines Ruhelosen

Wahrheit der Hände, der Augen,
im Land der Propheten
der Wiederkehr der Lehren,
der Tat, singend im
Schweißgewand
von Lust, dieses einsamen
Königs

Huld bedeckt der düsteren

Zeugin Haar

in der Weihnachtszeit kühler

Gärten,

der Seelen der Heimat, der

Vielfalt,

der Antworten der Rätsel, der

Worte

Schattengärten, zurückgekehrt,

aus Stimmen aus Erschöpfung

aus Leben

Ins Haus der Mutter der Rufe,

wo Tiefe und Stille herrschen

Und Wonne der Stirn alter

Tage,

der Mühen und der Gnade,

dieser uralten Furcht

Ich will euch von Wonne
sprechen
Spiel der Ruhestätte einer
Heimat
Labsal und Mitte,
Hände von sanfter Gestalt,
Schrei in die Stadt von Blut
und Leben -meiner Trauer

Verlies und duftendes Korn,
Heimatgewölbe
von Öl und Mehl und Salz
Klarheit des Brotes, der Güte,
von Lippen, mutterzentriert

Weise einer Sprache, der Lieder,
des staubumgrenzten Tanzes
von Sud, von Weizen, von
Knospen und Ruh,
am Abend, am Morgen,
empfangend:
die Redeweise der Menschen

Ich will euch von Tanz sprechen

Abendmahl der Liebenden

im Schacht und Pfad von

Mühsal

Wirklichkeit im Haus einer

Liebe

Sehnsucht durchwebt ein

Erinnern

vom Blick einer Schuld

Manchmal stehn die Felder voll

der Güte!

Hoffnung erinnert einer Treppe

von Worten, von Lachen,

und in der hohen See das

Lichtfaß von Zeit

Achte den Namen dieser

Wahrheit!

Des Blutes von Übel, Eunuchen

und Nacht,

der Wahrheit der Tage der

Menschen

der Härte der Worte der

Stimmen:

des Bellens der Wasser der

Angst

Errichte dem Tempel den Augenblick,

saumselige Liebe,

Fluß und glühenden Traum

Und Höre, vom Rauschen der

Leiber,

der Blätter und Gefilde der

Form:

In Zeichen steht dieses Ahnen

Ich will euch von Ahnen
sprechen
Dem Siegel der Nonnen im
Kleid
von Furcht, und Erfüllung

Nachklang ferner Ufer,
Gezeiten
von Schmerz kündigend, Gefäße
der Täler, der Weiden, der
Wehen
und ihrer Gräber darin

Füllst Wellen und Nebelglanz
von Mohn und Bitterkeit, und
Wohllaut:
Blasse Münder einer Harmonie!

Verborgene Schritte,

notgewendet,

der Götter einer Hoffnung,

sieh,

eines Goldes, eines Klanges,

einer Welt

Und wie im Hügel der Abend

den Lämmern

nachtweises Geben entfaltet,

erstrebt der Hirte dem Ufer der

Wasser,

magnolienharrend, Magnolien

der Harfen, der feinen, von

Kinderatem:

gezuckerte Kerzen der Welt

Darüber hinrollt ein Licht,

durchkleidet

Baum und Mensch, und Maß

Erben der Ufer, Gestade von

Wangen,

von Tauben, taubengleich

Darin die Lanze der Gewissen,

ruhelos,

dem Staubvogel gleich, Schatten

der Dinge, der Landschaft,

und ihrer Bewohner

Ich will euch von Gewissen
sprechen
Gründung und Lager einer Stadt
am befleckten Rauschen der
Klimate,
Lauf des Sterbens in der Zeit

Komm, und schau,
bespielt mit Winter, Waben
wie Nebel,
die Dürre der Herzen,
und im Frieden der Vögel
die Lilie von Neid

Man spricht: Oliven
verabschiedeten
eine Karawane, Sippen von
Menschen, Duft von Kiefer
und Landschaft,
Buchen und Weiden, und Gott

Sonntagskleid machtvoller
Ähren,
im Schlaf die Hand des Mannes
einer Wahrheit, Mondsüchtige
beherbergend

Manien, dort, und das Biegen
von Reben, geschmückter
Mädchenhände von Schlaf
Ein Schwall von Leibern,
Blumen, formbare Erde:
die Tochter des Mannes im Fraß
von erbeutetem Fleisch,
Symbole verlorener Einheit,
Identität:
fragile Klarheit von gutem Brot!

Ich will euch von Blumen

sprechen

Gewebe von Äther und

Wohlgeruch,

von Raum im Klang einer

Stunde,

der Geometrie zukünftiger

Namen

Offenbarung von Gesicht und

Gedächtnis,

im Lippenmahl ein Zeichen:

Wirklichkeit

Ein Himmel, die Kinder,

Windstöße blühen im Haar

und die Rockschöße duftender

Hände:

Malven, Anemonen, Mauerstein

Vögel winden den Blick, im
Nichts,
dem Volk der Stimmen der
Worte,
den Wassern, der Zypressen,
der Bernsteinschatten der
Palmen
Darin die Taille von Furcht

Sehnsucht lebt in dieser Stadt,
Boten der Stille,
sanftmutdurchwebt
die Blutuhr von Zeit, regungslos

Hüterin einer Harmonie, dein
Tischgenosse Hoffnung:
ein eisiges Wort

Ich will euch von Stille

sprechen

wesend in Schatten von Mund

und Leere

umfängt Nichts eine sanfte

Gestalt

Verwundung von Augen, schwarzgebeizt,

wie Fragment, im Verborgenen

Im Wohlgeruch des Blau

verläßt,

heute, ein Gesicht die Anhöhe

der Nachmittage der Hülle der

Körper

Firmament der Frische der

Brüste,

umrißlos, wie Äther, und

Augenblick

Schon starr, schon verheert:

ein Erkennen

Gestein aus Abend und Wein,

die Sommerhitze des Geistes,

erblickend, erinnerungswach

Im Widerschein einer Absicht

die Taschen und Mäntel der

Frauen:

Lippen, Fossile von Wasser,

Geschmack von Achat,

Bitternis, und Einsamkeit

Die Anhöhe sanfter Form

erklimmt

ein Pulsschlag im Sprechen der

Welt,

Anwesende kerben, wie Rehe,

ein Trugbild nah deinem Mund:

von Trost und Vergessen

Ich will euch von Trost

sprechen

Taube der Zärtlichkeit im Glück

der Nahrung

von Sand und Namen im Lauf

des Möglichen

Aufbruch der Orte der Stätte

der Mütter -aller Zeit

Karge Kost Hoffnung, vom

Hunger

der Körper, der Hirten einer

Stunde,

eiskalte Kerker,

Erinnerungsmahl:

Der Wunde der Lüge

aus Rückkehr aus Schlaf

Steigend, mählich, in das

Geschlecht

des Wandels, und dürre Orte

und Einsegnungen, jenseits

der Körper

Wie Schmerz bricht Licht

in die Hände eines

Geschlechts

Wandelnd die Kindfrucht

Entsetzen, im Osthang einer Keuschheit

Keuschheit der Schöße, von

Völkern,

Stimmen der Körper riesiger

Erbhöfe,

der Hochzeitslaken lebendiger

Wasser,

und: das karmesinrot in deinem

Mund!

Ich will euch von Stimmen

sprechen

Hüllen der Seele der Körper

Wesen von Geist, Oktaven der

Weisen,

der Modi, von zerbrechlichem

Ort

Gedanken, betend, stumm und

empfangend

Blüten gewanden die Täter,

eine Frau entblößt ihre

Schattengestalt,

Scham einer Stunde von

Klarheit

Im Süden ein Kreuz, wie

Schweigen,

auf lichtlosem Platz

Reliquie der Seele im Garten

der Wesen

wirst löschen dein Haupt,

gleich dem Faun,

gleich dem lichtlosen Platz

Als geränne Blut von Zeit,

im Färben der Wiesen und

Höhen,

der Wälder, der Sonnen, der

Täler,

der Wasser der Anmut,

der Leere einer Gestalt

Dort ein Geschlecht, namenlos

erkenne ich deine Frucht,

mein Blut, wie Taufrisch im

Lichtmaß der Erde

Ich will euch von Blut sprechen

Schneebären der Kinder,

gemalter Atem von rotem Moos,

und Algen, der Wasser, wie

Regenstaub,

gebrochenes Laub, neblig und

kühl

Wenn gefärbtes Laub Schlaf

kündigt,

in der Stunde der Äther,

beleibt und dornenfroh,

stürbe das Gehäuse

von Licht

Mein flüssiges Volk, Gerüche

von Umriß und Alchemie,

brich die Gezeiten des Königs,

wenn der Geist keltert

Ginstersäfte von Gras und

von Gold

Gefäße der Adern der Zeit

Kornwogen umhüllen ein

Lippen,

ein schwingen heiliger Quellen

Quellend in altem Schnee,

körperlos,

in Schatten alte Bäume,

Rebfluren,

ein Zeichen,

das den Tod in sich birgt

Ich will euch von Zeichen
sprechen
Pathos im Zwielicht hoher
Gebärde
im Ich der Kontur von Leere
und Maß,
der Blumen, der Völker, der
Ähren,
der Kinder, dem Lippen der
Zeit

Güte von Ahnen, umringend
die Weiden von Licht, darin
blutige Schwerte von Geist:
Erkennen,
Narren eines begrenzten Flugs,
wüstenstumm und alt

Ordnung mordet am Morgen
ein Spiel, linde Saat,
in die Kinderhände des Sein

Bettler heulen in den Wind,
stillend, den Durst am Lichttopf
eines Blicks, von Glauben,
beschnittene Hände der Zeit
Hände der Liebenden,
Weltmütter karger Leib

Ich will euch von Zeit sprechen

Paradox der Krümmung eines

Blicks

im Handlauf der Universen

von Annahmen von

Kontraktion, im Ich

der Eigenzeit der Körper,

deren Topographie, im Fall

der Willkür

der Koordinaten, von

Wahrnehmung,

ihrer Beobachter, darin:

Reisende -im Nachtasyl

der Träume

Kathedralen waren unsere
Trunkenheit
Im Es des Blau der Materie
erscheint dem Blick die Form
der Ströme der Wälder von
Kreatur,
Gestalt, im Wehen der Scham:
ein Bild der Gravitation von
Weiß

Konstrukt der Flügel des
Gebers,
Ungeborenes wiegt dem Schlaf,
dem Schlaf eines Blicks,
von hoher Gunst, der Münder
von Pflügen, der Sonnen, der
Seen,
der Länder, der Wege der Saat
von Glas, wachem Glas

Ungeborenes Erinnern

Flechten von Wein und von

Licht

Erinnerung einer gekrümmten

Hand,

in deinem Haus von Stimmen

und Feen

ruht die Sommernacht

Gedächtnis,

körperlos, umrißlos

Gefährten der Hülle der

Mädchen

Gefäße von Leben,

ein Stigma tritt in den Raum:

Augurenlächeln,

Lichtbrechungen selbst-

verzehrender Abwesenheit

Ich will euch von Mädchen
sprechen
Mittler der Geber des Lichts
Vulkane der Rosen der Tiefe
sichtbarer Ewigkeit, die Lüge
der Jugend im Mund

Von Zärtlichkeit und Sehnen
der Tage und Nächte,
die du mir gabst im Garten
der Säfte von Lust und von
Tränen

Jeden Morgen gebar ihr Blut mir
ein Kind,
im Pulsschlag ein Lippen von
Werden
von Form, in den Schößen die
Himmel
der Seelen, von Schein

Saugend, küssend und leckend
die Glut der Stätte von Leben,
der Symmetrien der Mitten,
von Sinn und von Welt

Geheimnisse, flüsternd,
Latenzen
der Palmen, der Ostern, der
Frucht
Zentrische Dimensionen
lehrend:
die Mysterien der Einsamkeit:

Der Bogen blond, wie süßer
Traum, träum ich so lind wie
Schatten;
alterslos und ohne Rede
zittern wir ein erstes Mal!

Ich will euch von Einsamkeit
sprechen
Wesend der Körper von Mahl
und Geist
ist Unschuld ein kalter Hauch
Narkotische Tage:
um die Gunst einer Stunde,
zerbrach die Welt, fand ich
mein Ich

Anmut im Lächeln einer Gestalt
von Schlaf und von Abschied
Traumgarten und Nebenzimmer
der Kellner der Verse und
Bildnisse
hoher Milch, in dir wohnt ein
Grauen:
die Wüste der Bilder

In Schwärze die Stirn,

aufgenagelt,

zerbrochener Arm einer

Kindheit,

Ahnen der Völker, der

Offenbarung

von Händen, von Landschaft,

das Bleirot geknetet in Fleisch

Spuren von Umriß, und Krisis

Dein Vokabular, gleich dem

Lied

eines Hirten in der Geburt,

ist Schlüssel der Gunst der

Archivare

Von welchem Baum...

willst du unsterblich sein?

Ich will euch von Geburt
sprechen
Die Sphäre nach ihrer Weise,
von Diesseits geädert
im ersten Ich der Ordnung,
der Mägde der Wehen der Zeit

Beziehungslinien zeichnend,
dem Zwischenraum einer Hand,
Bürgschaften geistiger Wesen
von Kreatur im Maß einer
Stunde,
nachbarlos, Geformtheit
durchflossen

Es glättet der Wind die Daumen
der Mütter, was war, ist Wind,
ist Dünnung, der Form,
der Festlegung eines Urteils

Ehrgeiz der Minen entfesselt

den Blick, von Kreatur,

Hymnen und Lieder, und

ein Verzeihen der Segnung

der Welt,

es regnete:

Krieg im Sternklar einer Nacht!

Im Vers der Gedanke, die

Worte,

die Rufe der Kinder, und

ein geschwätziges Erinnern

Wenn du fortgingst in der Art

einer Rede, die Musik der

Bühne

der Wesen verlöre den Ritus

der Stimmen, und im Glühen

der Frucht: ein Geschlecht,

in Nichts, zurückgekehrt

Ich will euch von Frucht
sprechen
Irdisches Zeichen im pflügbaren
Raum
der Erde, die spitzen Kastanien
bläst heute ein Wind, zögernd
lege ich Hand um meine
Gestalt,
fremd, und in endlicher Ruhe

Lautlos die blinden Gassen,
der Mond noch hinter dem Tal,
alles durchdringend, beim Wort,
schlägt ein Hund einen
ruhelosen Laut

Die Reusen empor aus festlicher
Nacht:
der Nahblick entpuppter Gestalt
Rhythmus und duftender Puls,
ein Schwingen entziffert den
Tag,
Augenblick im Werden, von
Föhren,
von geröstetem köstlichen
Mohn

Des Tages wird die Milch des
Einfachen
getränkt der Gedanken des
Brotes vom Grunde, repetiert
von verdichteter Welt

So leicht, bis in die Wiederkehr,
ist alles still und leer

Der Tag roch wie Geschrei, und
ein Geschlecht steht in Heimat
entflammt

Ich will euch von Geschlecht
sprechen
Du kannst den Regenwind
erjagen
in diesem keuschen Land

So ist das Geschlecht, in Namen
gewoben,
im Augenblick abgetrennter
Welt:
Tod und ich, einst, einst!

Sinne dein Bild, im Muttergrund
einer Erinnerung, unwandelbar
gehorchen wir einen Sommer
lang!

Einen Augenblick ist heller Tag:

Die Wälder grünen das Land

Bienen steigen in die Himmel,

die Wolken im Blau der See,

und

ein Schweben der Blätter der

Wasser,

Papierblumen faltet das Licht

Wie aus Holz geschnitzt,

ein flüchtiges Bild der

Bewegung:

trennt sanft und

schattenbeschwert

die Blätter der Körper vom

Rumpf

Als ob der Blinden der Erde

Stimmen verdorrte Bilder

gerönnen,

zum Hohn eines Blicks,

Propheten gleich,

kindbefleckt, und müde:

der Wehen der Kränkung, aus

Gestalt

Zehn Fuß tief mißt diese Elle

Tod und ich, einst, einst!

Ich will euch von Kränkung
sprechen
Dem Schweigen der Frau aufs
Grab
gepflanzt die Namen der
Abwesenden
-der Morgen, die Gäste, es
trägt sie der Schnee!

Eilig entfalte ich einen
Liebesblick
Ahnungslos, die Farben der
Dinge
in ihrem Gewand, Licht singt
zum Spiel, farbige Lieder öffnen
ihr achtbares Haus,
alles durchdringend

Händler von Zucker und Zimt
lösen das Haar, werden ihr zum
Gesicht

Mal fünf, mal eins, mal keins
Der Schauende nimmt zur
Wahrheit
die Absicht, günstige Witterung
betritt
die Stunde, führt Verrat zum
Mund

Eine Gottheit wischt Blutschuld
vom Maul, voll Leere und
Furcht,
das Urteil entziffert die Schrift,
Gabe der Frucht einer Absicht:

Endlichkeit, darin ein
Erbarmen,
Umgrenztheit einer Biographie
Menschenhand kenntlicht ein
Mal
Gleich Licht, die Schwelle im
Dazwischen, Kadenzen von Irrtum,
schüttern und stumm

Ich will euch von Licht
sprechen
Im Innern macht sich ein
Abendland
auf den Weg, Macht entzündet
ein Bild: der Ent-sprechung

Buckliger Regen formte die
Nacht
Albatrosse senken sich langsam,
ins Licht
Pfeift eure Hände, die Augen
starr,
zur Mittagswende, lehmgeknetet
befreit sich der steifige Erdkloß
Gefiedert durchbrach ich
das Netz,
hell umkreisend die Form:

Frauen erkaufen mit Leben ein
Kind,
ein Prediger bläst in den
Morgen

Gärtner zünden ein Licht,

im Nacken brennt leise ein

Schicksal

Urteil getränkt ist meine

Traurigkeit,

wenn der Tänzer behutsam

Gräber

und Opfer der Winter beweint:

Identität!

wohl gesetzt, mit bleicher Kraft,

im Ich atmender Naturkonstante

Nun legt sich der Wind,

sonnenwärts

wogt dein Korn, Himmel

krähen,

und im Frieden der Seide ein

Kinderspiel,

Seide von Bildern, Bilder von

Landschaft,

Landschaft von Atem, Atem von

Licht

Hier wohnt die Braut des
Sterbens,
Glitzernd im Tau, und Blüten
müder
Münder folgen dem Faden
der Taufe
Wie kannst du immer wieder
atmen, hier?

Ich will euch von Tau

sprechen

Gewebe von Licht und Mahl

und Zeit

Im Muttermund kristallner

Blick,

die Länder der Ebenen

behangen

von gläserner Haut,

gottvermählt

Ein Kind der Aschefahne der

Schenke

gebiert heute einen Tag!

Duft der Stille der Morgen

aus Staub und Honig und Tau,

Rauschen am Flügel einer

Ewigkeit,

als fliehe die Zeder der

Schwermut

der Saat der Garben des Nichts

Flüchtling mit goldenem Haar,

flüsternd, im Wink der Gebärde,

der Willkür gläserner Atem

Schamlos bedecke ich die

Zunge,

grüßend, Wolkenschatten ziehen

vorüber

Zahllose Särge birgt die Fahne

der Zuversicht, und Einsamkeit

Heimatlicht, steigt auf zum Tag

des Herbstes, saugend die

Glasur

der Torsen der Landschaft,

die Chronik in einem Gesicht

Jungfrauen vom Schoß feiner
Tage
bedecken mit Netzen das Haar
Wabenfelder öffnen die Beine,
zerrinnen in Inkarnat:
aufgerissen,
von persönlichem Wert

Treppenräume, Universen,
Gestirne
umhüllen nachtgeil den Raum
Gärten verdampfen wie Tage,
Rückbiegungen schüttern das
Fell
Boulevards tragen festliche
Schärpen

Symbolische Systeme vom

Dienst

hoher Grade: Präsenzlosigkeit

nahe der Stunde,

ein Rippen von Kalk und von

Sand

Mittag laugt diese Bronze:

Im Gebären lauert ein Tod!

7.VII.1997, 11,05h

Sprechend: Von Erkennen,

Jadah,

dem heiligen Gefäß

der Einheit und Unität

darin, Liebe geheißen!

Von Erkennen und dem

Erkennen

der Särge des Weges

des Mohn, und des Korn,

von Seele und Zeit:

Ihrer Bewohner darin

Von pathetischen Zeichen

im Ichgewirk der Zeit,

der Designate

der Mythen und Sagen und

Legenden,

der Kunde der Wörter der

Stimmen

der Sprache, weisend
den Weg einer Wirklichkeit,
einer Wahrheit:
Gesetz im Gefährt des Werden,
der Entrophie

Von Dioskuren des Lichts,
der Erde, der Himmel, des Sein,
vom Ich im Du:
von Leben des Sterben
des Todes in der Zeit

Von Sprache des Falls im Raum,
hoher Mauern, der Auen,
der Berge, der Lüfte,
des Atem, auch dem der Seen,
der Wälder und Täler:
Ihrer Bewohner darin

Von Bewußtsein und dem
Bewußtsein
der Wipfel, der Winde und
Flüsse:
Ihrer Bewohner darin

Von Wiegenliedern des
Augenblick,
des Gleichzeitigen im
Ungleichzeitigen,
und vom Mond der Seele
der Särge des Korn

Den Rhythmen in der Zeit
der Strukturen der Stimmen
der Erscheinung der Natur,
und der Gezeiten der Wege
der Gravitation

Die Reisegabe im Blick,

erkennend ein Ich,

deus ex machina,

auf Schläfen siedelt das Blut

der Natur: Der Weg ist ein Wort

Wie Harnsäure rinnt ein Gesicht

Worte ins Weiß -der Tage,

es ist Herbst im Sprechen

einer Weise

Indes, der Blick, hinauf

durch die Wesen, ist

unbegrenzt!

Ich will euch von Herbst
sprechen
Irdisch durchwebt die Stunde
den Raum,
Anmut im Winkelmaß der Tage
Übermütig vom Korn der Jahre,
vom Wort im Pfad der
Bitterkeit

Täler von Schönheit wurzeln
im Mund der Gegenwart, stumm
gilbend das Blut,
die Himmel im Korridor
von Maß und Zahl

Weihrauch von Frostluft und
Fäulnis
durchkleiden das Haar, Mispeln
tasten ängstlich die Schwelle der
Frucht: atme, atme!

Wunde und Gewand verfaulter
Welt,
Neigung vom Ohr der Angst,
der Lüge von Licht und
Vollendung,
Kindschopf der Dekaden der
Enkel,
Weber der Adern der Zeit

Mörder, im Haus der Lippen,
lebst
dem Tanz, dem Todestanz,
der Sterne, des Lichts
der Gestalt, der Scham,
der Stirn von Schuld,
hautbewurzelt

Zeilenweise stirbt mein Blick, in
dir
Gefahr und Gebot im Gebet der
Hände,
Gebilde der Stimmen des Sein

Ruhig, ruhig, und ohne Klage!

Wurzelnd die Stille in Zorn und

Sinn:

Leicht wie ein Kind von sanfter

Haut

und Knochen wirst du fallen

Klarheit im Geschlecht

zerbrechlicher

Worte, schüchtern stirbt meine

Gestalt

Häresie! Ruhig, nur ruhig!

Die Gesichte der Schlaflosigkeit

der Namenlosen,

ein letzter Schritt, Begierde

vom Fest einer Wahrheit,

blutbefleckt,

die Stirn der Mädchen,

der Sage vom Brot einer

Hoffnung

Wie Schnee schmilzt eine

Stunde

Wie Schnee schmilzt meine

Stunde

Ein letzter Blick:

Es bellen die Wasser der Angst!

Es bellen die Wasser der Angst!

THE CLOWNS´ COSMOS

EIN NEUER LYRIKBAND VON BERND JOSEF BARTOLOME

DEMNÄCHST ÜBERALL IM BUCHHANDEL

Zum Buchherbst 1999 Erscheint voraussichtlich
im Deutschen Buchhandel eine Sonderausgabe
von **JADAH** Mit Fünfzig Illustrationen des Autors

Vers libre   *Ad notam*

Vom selben Autor: